读"博物馆的秘密"
启迪孩子智慧

扫一扫，了解更多博物馆趣事

智能阅读小书童为儿童提供以下服务

有声读物 促使孩子快速身临其境，提升想象力

中华德育故事 了解先贤故事，学做人做事

恐龙博物馆 走进恐龙世界，揭秘恐龙灭绝的原因

线上博物馆 足不出户，在线参观国内外著名博物馆

- **绘画游戏：** 创意绘画游戏，提高孩子的动手动脑能力
- **动物猜猜猜：** 在游戏中帮助孩子认识各种小动物

还为购买本书的家长提供

- **伴读方法**

提供合适的伴读方法
培养良好的亲子关系

- **育儿交流群**

分享育儿经验与心得

扫码添加

智能阅读小书童

操作指南

① 微信扫描上方二维码，选取所需资源。
② 如需重复使用，可再次扫码或将其添加到微信"收藏"。

博物馆的秘密

瓷器也有"身份证"

张玲 策划　　李玫/张文辉 著

天津出版传媒集团

天津人民美术出版社

图书在版编目（CIP）数据

博物馆的秘密. 瓷器也有"身份证" / 张玲策划 ；李
玫，张文辉著. -- 天津 ：天津人民美术出版社，2022.7(2023.6 重印)
ISBN 978-7-5729-0378-6

Ⅰ. ①博… Ⅱ. ①张… Ⅲ. ①博物馆－历史文物－中
国－儿童读物②瓷器(考古)－中国－儿童读物 Ⅳ.
①K87-49②K876.3-49

中国版本图书馆CIP数据核字(2021)第263077号

博物馆的秘密 瓷器也有"身份证"
BOWUGUAN DE MIMI CIQI YE YOU "SHENFENZHENG"

出 版 人：杨惠东
统 　 筹：刘　岳
责任编辑：富英杰
技术编辑：何国起
史料整理：张凌菲
音频整理：张维倩
参与撰稿：陆亚军 农甜梅
绘 　 制：李　斐 王安妮
排版设计：富英杰
封面设计：杨　睿
出版发行：天津人民美术出版社
社 　 址：天津市和平区马场道150号
邮 　 编：300050
电 　 话：(022)58352963
网 　 址：http://www.tjrm.cn
经 　 销：全国新华书店
印 　 刷：三河市嵩川印刷有限公司
开 　 本：787毫米×1092毫米 1/12
版 　 次：2022年7月第1版
印 　 次：2023年6月第2次印刷
印 　 张：2.5
印 　 数：5001-25000
定 　 价：29.9元

目录

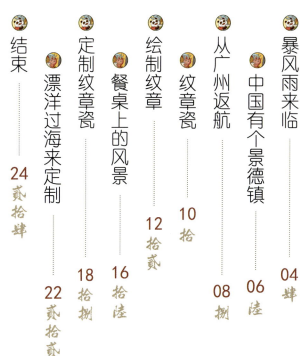

天津博物馆
TIANJIN MUSEUM

天津博物馆是一座历史艺术类综合性博物馆，其前身可追溯到 1918 年成立的天津博物院，是国内较早建立的博物馆之一。其收藏特色是中国历代艺术品和近现代历史文献、地方史料并重，现有古代青铜器、陶瓷器、法书、绘画、玉器、玺印、文房用具、甲骨、货币、邮票、敦煌遗书、竹木牙角器、地方民间工艺品及近现代历史文献等各类藏品近 20 万件，图书资料 20 万册。2007 年底对外免费开放，2008 年被评为国家一级博物馆。在这琳琅满目的稀世珍宝中，我们沧海拾萃，遴选出 10 件不同时期各种类别的精品文物，以飨读者。

本系列绘本十件文物时间轴

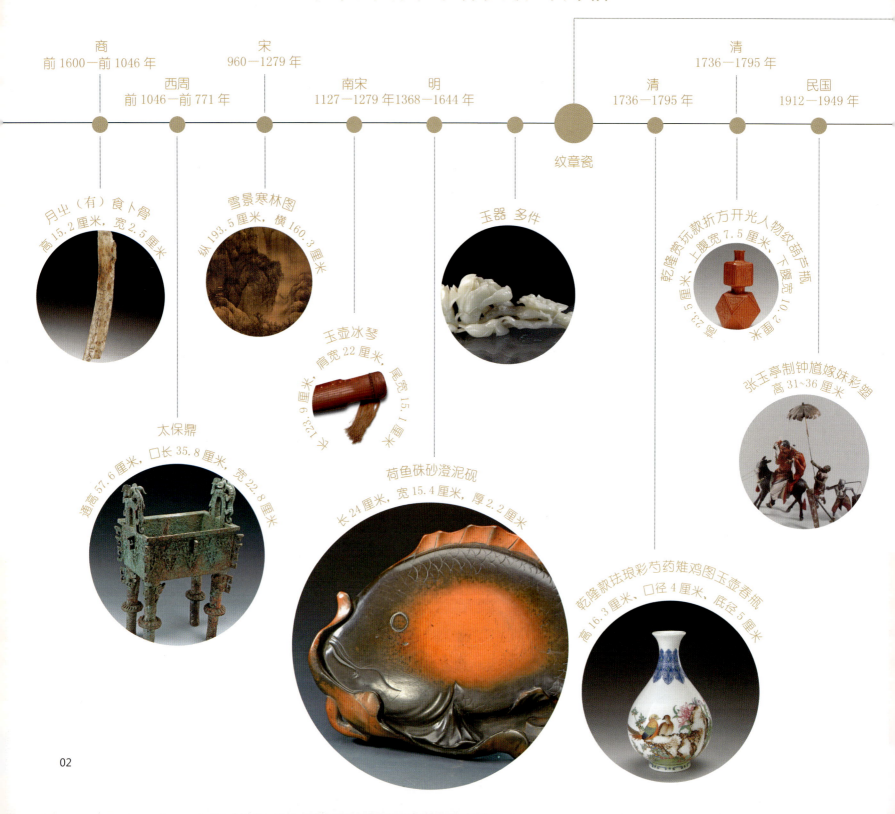

商
前 1600—前 1046 年

西周
前 1046—前 771 年

宋
960—1279 年

南宋
1127—1279 年

明
1368—1644 年

清
1736—1795 年

清
1736—1795 年

民国
1912—1949 年

纹章瓷

月出（有）食卜骨
高 15.2 厘米，宽 2.5 厘米

雪景寒林图
纵 193.5 厘米，横 160.3 厘米

玉器 多件

乾隆赏玩款折方开光人物纹葫芦瓶
高 23.5 厘米，上腹宽 7.5 厘米，下腹宽 10.2 厘米

玉壶冰琴
长 123.6 厘米，肩宽 22 厘米，尾宽 15.1 厘米

太保鼎
通高 57.6 厘米，口长 35.8 厘米，宽 22.8 厘米

张玉亭制钟馗嫁妹彩塑
高 31~36 厘米

荷鱼硃砂澄泥砚
长 24 厘米，宽 15.4 厘米，厚 2.2 厘米

乾隆款珐琅彩芍药雉鸡图玉壶春瓶
高 16.3 厘米、口径 4 厘米、底径 5 厘米

纹章瓷

纹章瓷是中国外销瓷的一个重要组成部分，始于16世纪，于18世纪达到巅峰，因瓷器表面绘有欧美贵族徽章图案而得名。纹章瓷见证了中外交流与融合，其承载着丰富的历史信息，既有中国传统制瓷工艺的特点，又有欧美主流的审美意趣，是中外文化交流融合的重要物证。

本册人物介绍

糖糖，拥有天马行空、奇思妙想的二年级8岁女孩。

袁斌，糖糖爸爸，博物馆学教授。

威廉，小传教士，伶俐可爱。

暴风雨来临

周日，本年度最大龙卷风登陆东南沿海。糖糖和爸爸去博物馆的时候，乌云已经密密地堆积在上空，狂风呼啸，像饥饿的野兽在嘶吼。

"这种天气出门可真不是一个好主意。"糖糖手里捧着一本书，不无担忧地说。

"今天是博物馆纹章瓷特展的最后一天。相信我，错过特展会是更大的遗憾。"爸爸看了一眼车窗外被风吹得东倒西歪的树木。

"纹章瓷？什么是纹章瓷？是一种瓷器吗？"糖糖在博物馆看过无数展览，但是她从没见过什么纹章瓷。

"是一种非常特别的瓷器。"爸爸握紧方向盘。雨点大滴大滴打在车窗上，逐渐汇成一股股水流。

糖糖一脚跨进特展厅，正好响起一个炸雷。把正在参观的观众吓了一大跳。糖糖仿佛看到人们慌乱地奔跑，东奔西撞，从甲板上往船舱里跑。巨大的粗布船帆在狂风里猎猎作响，水手们正奋力把帆降下来。

小贴士

纹章瓷又称"徽章瓷"，17—18世纪从中国出口到欧洲，因印有欧洲贵族家族的纹章而得名。瓷器上的纹饰由定制者提供。

"你还待在这里做什么？暴风雨马上就要来了。我们到船舱里去。"一只手拽着糖糖就跑。

中国有个景德镇

　　"我叫威廉，你呢？"小男孩放开糖糖的手，在一张圆桌前坐下。

　　"我叫糖糖。我们是在一艘船上？"糖糖跑得有点气喘，惊魂未定地坐下。

　　"看你这迷迷糊糊的样子，真是搞不清楚状况啊。"威廉把头凑近糖糖，神神秘秘地说，"告诉你一个我和师傅的秘密。"

　　"你师傅是谁？什么秘密？我完全听不懂。"糖糖听得云里雾里。

小男孩一头金发，穿着精致的小马褂，脚踏一双亮闪闪的靴子。

"我的师傅是有名的传教士。他是一个为陶瓷痴狂的人。为了探寻中国的制瓷奥秘，他不远万里漂洋过海来到中国，这也就罢了，他偏偏还要带上我……我这一路上吃了多少苦啊……还好现在就要回家了。"威廉的小嘴呱唧呱唧说个不停，糖糖很快就知道了，她现在所在的是一艘从中国去往英国的轮船，船上满载着中国的精制瓷器、丝绸和茶叶。

"师傅带着我，偷偷去了一个叫景德镇的地方。这是中国有名的瓷都。"威廉十分骄傲。

"可是以前中国皇帝不是不允许别的国家的人进入景德镇吗？"糖糖记得爸爸给她讲过这个细节。

"是啊！所以才偷偷地去啊。"威廉倒是诚实。

小贴士

　　自明清以来，景德镇就是海上丝绸之路的重要货源地，景德镇陶瓷成了"世界商品"。18世纪是景德镇的黄金时代，当时的景德镇已经成为世界上最大的陶瓷生产基地，拥有最完整的生产流程，一个普通瓷工每天能生产100件瓷器，1件运到欧洲的上等瓷器价值高达白银14两。仅18世纪，至少有6000万件中国瓷器销往欧洲。

从广州返航

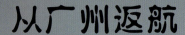

威廉从马甲的内袋里掏出一张航海图："看，这是我们皇家船长号的航海图。出发地是广州，在海上要航行好久好久才能回到我的家乡，在这漫长的航行中，我们要经受海上风暴的洗礼，还要跟穷凶极恶的海盗做斗争。"

糖糖凑过头去仔细看了看："我知道，我知道，这条航线就是<u>海上丝绸之路</u>啊。"

说到这儿，糖糖脑海中浮现出课本上讲过的丝绸之路的景象。

"对于你们来说，中国是很遥远和神秘的，对吧？"

"是啊，我们国家只有贵族才能喝到中国的茶，才能使用中国的瓷器。"威廉随声附和道。糖糖骄傲地笑了。

"我和师傅这次随船回国，就是要护送一批珍贵瓷器，很特别的瓷器哦。是英国王室向中国特别定制的瓷器。"威廉真是个守不住秘密的小孩呀。

纹章瓷

"王室特别定制的瓷器？"糖糖嘴巴张大得都能塞下一个鸡蛋了，"国王用的东西肯定是特别精美珍贵的，那它们是什么样的啊？"

"那当然。普通的平民百姓只能使用黏土制成的陶器，珍贵的中国瓷器只有地位非凡的王室和贵族才能拥有。为了显示自己家族的身份和荣耀，他们会把自己家族的徽章绘制在定制的瓷器上，叫纹章瓷。"威廉朝船舱下面指了指，"下面的货舱里全是珍贵的纹章瓷。"

"纹章瓷长什么样呢？"糖糖想起她和爸爸在暴风雨天去博物馆，就是为了去看纹章瓷的特展。

"纹章瓷是中国出口到外国的瓷器中的一种，属于来样定制。定制的人提供纹饰图样，中国瓷器匠人根据这些图样制作瓷器。纹章瓷上的纹饰主要是代表皇室、贵族等的纹章。"威廉用手连连比画，可糖糖还是一脸茫然。

"我知道了，纹章瓷上的图案主要是纹章。可纹章是什么？"糖糖问了这个问题后，威廉做了一个昏倒的动作，他夸张地号叫："糖糖，刚刚不是解释过了吗？"

纹章在欧美很常见。纹章最早来源于战场，士兵打仗全身都包在盔甲里，只露出两只眼睛，为了区分敌我，便在盾牌、战袍、马衣和旗帜上展示某种图案来表明身份，这就是最早的纹章。后来逐渐演变成个人财富和身份的标志，在各类装饰品如银器、印章、书籍、瓷器上出现。

绘制纹章

"我知道了，魔法学院的院徽就是一个纹章。上面是一只狮子，狮子是勇气的象征。"糖糖回想起来。

"也许和你说的差不多吧，一套完整的纹章包含很多很多东西呢。当然，主体是盾牌。盾面需要填充颜色，并画上装饰图案。"威廉拿起笔，调皮地笑了笑，露出一个甜美的酒窝。

"给盾面上色，有严格的用色规则。首先把颜色分为两组：第一组是金属色，金和银（即黄色和白色）；第二组是背景色，即红、蓝、黑、绿、紫。属同类颜色的，不可以毗邻。这样可以形成深浅对比，使纹章看起来容易辨识。"

扫码获取
- 有声读物
- 中华德育故事
- 恐龙博物馆
- 线上博物馆

装饰图案展示纹章的寓意和内涵，可以是动物、植物、山川河流，也可以是人工制成品，如武器和生活用具等，充分展现持有者的个性和故事。

接着是头盔、盔饰、披幔、饰环、护盾者，最后别忘了配上一句炫酷的家族箴言。

zhēn

箴

小游戏

借助下图的纹章元素，再添加一些自己喜欢的图案，设计一个属于自己的纹章图案吧！

糖糖美滋滋地欣赏着自己设计的纹章，越看越喜欢。

船越来越激烈地摇晃起来，一个大浪打过来，糖糖差点摔倒。就在这千钧一发之际，她被威廉抓住了胳膊，这才站稳。

当他们重新坐到桌子前面时，威廉继续说道："你知道吗，代表家族荣誉的纹章，是一代一代传承的，传承的过程中也会产生一些变化。比如，两个家族的继承人结婚的话，他们的纹章就会合并，就像这样。"

扫码获取
· 有声读物
· 中华德育故事
· 恐龙博物馆
· 线上博物馆

熊猫先生
（盾形纹章代表
纹章持有者为男性。）

竹子小姐
（菱形纹章代表
纹章持有者为女性）

结婚

他们的联姻纹章

熊猫小姐（女儿）

熊猫先生（儿子）

15

小贴士

　　象征性小盾式组合，女方一般为其家族纹章的继承人，女方家族纹章以象征性小盾的形式放置在男方的盾牌中间，后代纹章以等份的形式同时继承父亲和母亲的纹章。

餐桌上的风景

轰……突然一个炸雷，海上的天气说变就变。威廉和糖糖奔到舷窗前往外一看，巨浪像要把船吞没般劈头盖了过来。

"快，抓紧我的手！"威廉急切地说。

xián

舷

我想加点盐，可是餐桌上的盐碗离我也太远了。

船身在急剧摇晃，就像随时要裂开一样。糖糖害怕得一把抓住威廉的手。

一阵头晕目眩之后，二人站在一片晶光闪耀之中。

这是一个豪华宴会厅。餐桌上的洁白瓷器正发出细微的碰撞声。

贵族主人及宾客一边进餐，一边轻声有礼貌地交谈。

"糖糖，你看，他们使用的就是从中国定制的纹章瓷。"威廉努了努嘴。

潘趣碗里的果味酒味道不错，再来一杯吧。

伯爵家这套纹章瓷真是精美绝伦，我也要向中国定制一套本家族的纹章瓷。

定制纹章瓷

"糖糖，我们跟着这位伯爵，就能看到纹章瓷的整个定制流程哦。"

在这场晚宴开始之前，伯爵就开始早早地准备纹章瓷了。

"无论花多大的价钱，都必须拥有自己的纹章瓷，金银餐具已经过时了。"伯爵一边嘟哝，一边召来画师和设计师。

首先需要一份定制样稿。

"伯爵，瓷器品种我们选青花好呢，还是五彩、粉彩、墨彩、中国伊万里瓷，或者广彩？"画师问。

伯爵略一沉吟："粉彩吧。"

接着，纹章瓷的主体部分很快就确定好了。"家族纹章需要放在正中，占据绝对主体地位。"伯爵的要求得到了满足。

可是瓷器的边饰选什么风格呢？

素净的藤蔓纹，折枝花卉纹，还是开光风景纹？

实在是很难决断啊。

小贴士

欧洲人来华定制纹章瓷最早出现于明代中晚期（正德至嘉靖时期），盛行于17—18世纪，是显示身份和个性的高级定制。定制者先是王室（最早是葡萄牙和西班牙皇室），后发展到传统贵族、新贵，包括商人、军政界人士、知识分子等阶层。品种主要是景德镇的青花制品，还有五彩、粉彩、墨彩、中国伊万里瓷和广彩等。

广彩伯爵夫人纹章纹酱汁杯 清乾隆

伯爵夫人纹章，菱形纹章代表纹章持有者为女性，内并置两个家族纹章代表已婚人士，为麦克尔斯菲尔德伯爵遗孀多萝西女士所定制，其夫约于1764年去世。

小游戏

伯爵因为给纹章瓷选边饰的事，愁得饭都吃不下。你能帮帮他吗？

选一种边饰，完善下面的定制稿吧。

"除了传统风格的瓷器，我还想要点特色的。"伯爵对画师说。

画师心里咯噔一下，额头上沁出了细密的汗珠："伯爵，除了传统的家族纹章加边饰这种格式，我个人认为比较有特色的是一些故事性纹饰及美丽的风景纹饰。比如，耶稣会的定制里会有耶稣诞生、耶稣受难这些画面。中国本土的装饰里有《西厢记》的整个故事。这样的形式很有趣。"

"好。那你给我设计一些故事或风景图样。"伯爵对画师的提议很满意。

广彩开光风景图纹章纹盘 清乾隆

盘心为印度马德拉斯（东印度公司重要港口）的圣乔治堡风景图，左侧绘广州黄埔港风景，右侧绘英国普利茅斯港风景。盘心下侧绘乔治·库克及其妻子的联姻纹章。

广彩奥奇欧佛家族纹章纹盘 清乾隆

这件纹章瓷盘由英国奥奇欧佛家族所定制，依据欧洲著名的艺术家亚瑟·戴维斯所提供的完整瓷盘样稿绘制，展现了中国瓷工极高的技艺。根据记载，这套纹章瓷的单件定制价格为普通纹章瓷的10倍之高，堪称纹章瓷之最。

广彩西洋故事图盘 清雍正

欧洲人来华特别定制的希腊神话主题瓷盘，描绘太阳神阿波罗弹奏七弦琴的场景。盘边饰折枝牡丹，画面极为精美。

广彩伊佐德家族纹章纹盘 清雍正

爱尔兰的伊丽莎白·伊佐德定制，她是家族最后一位女继承人，因在房地产业的成功而闻名。在清代来华定制的数千套纹章瓷中仅有30套为女性定制。

漂洋过海来定制

　　看到画师终于按照伯爵的要求画出了定制样稿，糖糖才舒了一口气，这个时候威廉拉了她一把，糖糖定睛一看，他俩又回到在茫茫大海上航行的商船上了。

　　威廉说道："刚刚我们看到的伯爵定制的瓷器的订单就在我们这只船上，这份定制样稿会交给东印度公司船员，他们抵达中国后，再将订单交付给当地的瓷器代理人。"威廉娓娓道来，可见他对这个流程十分熟悉。

　　"到了雍正年间，随着中国对外商业贸易的扩大，各类瓷器从广州出口增多，为了适应外销市场需求，江西景德镇部分釉上彩绘瓷器移至广州加工生产。这部分瓷器又称广彩瓷，它的特点是构图紧密、色彩浓艳、金碧辉煌。烧制完成的瓷器，从广州港口出发，运往欧洲。"

扫码获取
· 有声读物
· 中华德育故事
· 恐龙博物馆
· 线上博物馆

结束

　　"糖糖，抓住我……"威廉的话音未落，有一个十余米高的大浪打了过来。

　　糖糖只觉得天旋地转。"救命！救命！"糖糖大喊。

　　"糖糖，糖糖！"眼前是爸爸焦急的面庞，"别怕，只是一个炸雷而已。"糖糖睁眼一看，真的，博物馆展厅安静得跟平时没有什么两样。

　　可是，可是……糖糖想到那个牵着她的手的威廉，眼泪差点流下来。

　　"爸爸，那它们是怎么来到这里的呢"糖糖有些恍惚。"糖糖，中国文物工作者历尽千辛万难，从大洋彼岸把它们征集回来的，我们才能在这里看到这么珍贵的藏品。"糖糖终于明白爸爸冒着暴风雨也要赶来看它们的原因了。

读"博物馆的秘密"
启迪孩子智慧

扫一扫，了解更多博物馆趣事

智能阅读小书童为儿童提供以下服务

有声读物 促使孩子快速身临其境，提升想象力

中华德育故事 了解先贤故事，学做人做事

恐龙博物馆 走进恐龙世界，揭秘恐龙灭绝的原因

线上博物馆 足不出户，在线参观国内外著名博物馆

- **绘画游戏：** 创意绘画游戏，提高孩子的动手动脑能力
- **动物猜猜猜：** 在游戏中帮助孩子认识各种小动物

还为购买本书的家长提供

- **伴读方法**
  提供合适的伴读方法
  培养良好的亲子关系

- **育儿交流群**
  分享育儿经验与心得

操作指南 ① 微信扫描右上方二维码，选取所需资源。② 如需重复使用，可再次扫码或将其添加到微信"收藏"。